INSTRUCTION DU 24 JUIN 1902

SUR LES

Adjudications de Travaux

DE

CONSTRUCTIONS MILITAIRES

PARIS

HENRI CHARLES-LAVAUZELLE

Éditeur militaire

10, Rue Danton, Boulevard Saint-Germain, 118

(MÊME MAISON A LIMOGES)

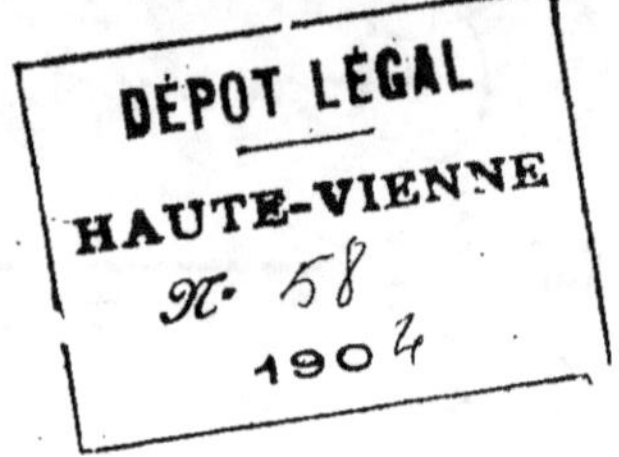

Instruction sur les adjudications de travaux de constructions militaires.

(Directions de l'Artillerie, du Génie et des Poudres et Salpêtres; Bureau du Matériel.)

Paris, le 24 juin 1902.

COMPOSITION DES COMMISSIONS D'ADJUDICATION.

Art. 1er. Les adjudications auxquelles donnent lieu les marchés pour l'exécution des travaux de construction sont faites en séance publique par les soins d'une commission d'adjudication comprenant :

Le maire, *président;*

Le chef du service dont relèvent les travaux, quel que soit son grade (1);

Un fonctionnaire de l'intendance.

ANNONCE DES ADJUDICATIONS.

Art. 2. Dès que le chef du service a reçu l'ordre de mettre des travaux en adjudication, il fixe, après entente avec le président de la commission d'adjudication, le lieu, les jour et heure de la séance, et fait procéder immédiatement aux publications nécessaires.

A cet effet, des affiches en nombre suffisant, établies et signées par le chef du service, sont apposées non seulement dans la place que les travaux concernent, mais aussi dans les autres places où l'on suppose qu'il peut se trouver des entrepreneurs disposés à concourir à l'adjudication.

Ces affiches sont libellées suivant les indications contenues au modèle n° 3, ci-annexé.

Le contenu ou des extraits de l'affiche sont insérés au moins dans un des journaux de la localité, et dans les autres journaux désignés par le Ministre.

---

(1) Dans l'artillerie, le chef du service des bâtiments et machines ; dans le génie, le chef du génie; dans les poudres et salpêtres, le directeur de l'établissement.

DÉLAI DE PUBLICATION.

Art. 3. Les affiches ou insertions dont il est question sont apposées ou publiées vingt jours au moins avant le jour fixé pour l'adjudication, sauf les cas d'urgence déterminés par le Ministre.

Dans ces circonstances, le procès-verbal d'adjudication doit relater que le délai de publicité a été réduit.

PIÈCES A COMMUNIQUER AUX CANDIDATS.

Art. 4. Pendant toute la durée des publications, les pièces du marché restent déposées dans les bureaux du service, où elles peuvent être consultées librement par tous les candidats.

Ces pièces sont :

a) *Pour les marchés de toute nature :*

1° Le cahier des clauses et conditions générales imposées aux entrepreneurs des travaux de constructions militaires (1);

2° L'instruction réglant les formalités d'adjudication (2);

3° L'instruction relative aux cautionnements (3);

4° Le cahier des prescriptions générales, contenant les dispositions techniques relatives à l'exécution des travaux;

5° Le cahier des charges spéciales de l'entreprise;

Et en outre,

b) *Pour les marchés sur série de prix :*

La série de prix.

c) *Pour les marchés sur devis et à forfait :*

1° Le devis estimatif;

2° Les dessins des ouvrages à exécuter, sauf ceux auxquels l'autorité militaire juge nécessaire de ne pas donner de publicité;

3° La série des prix, s'il y a lieu.

---

(1) Cahier du 19 avril 1902.
(2) Instruction du 24 juin 1902.
(3) Instruction du 16 juin 1903.

PIÈCES EXIGÉES POUR CONCOURIR AUX ADJUDICATIONS.

Art. 5. Les déclarations et les références, dont la production est exigée par le cahier des clauses et conditions générales imposées aux entrepreneurs de travaux militaires, doivent être accompagnées des pièces ci-après :

a) *Pour un Français.*

Une pièce constatant sa qualité de Français (1).

Les personnes admises en liquidation judiciaire en vertu de la loi du 4 mars 1889, pourront solliciter leur admission à concourir, en produisant soit le jugement déclarant que les intéressés ne seront soumis qu'aux incapacités édictées par l'article 21 de la loi du 4 mars 1889, soit le jugement qui les a admis à la liquidation judiciaire, ainsi que l'autorisation spécialement délivrée par le juge-commissaire, en vue de l'adjudication à intervenir.

Les personnes en état de faillite ne sont pas admises à concourir. Peuvent être admis les anciens faillis ayant obtenu leur réhabilitation.

b) *Pour un Etranger.*

La décision du Ministre de la guerre, l'autorisant à prendre part à l'adjudication.

En Algérie, le général commandant le 19e corps d'armée et, en Tunisie, le général commandant la division d'occupation, agissant au nom et par délégation du Ministre de la guerre, pourront, sur la proposition du chef du service, admettre à concourir aux adjudications des étrangers légalement domiciliés, ainsi que des indigènes.

---

(1) Entre autres pièces pouvant établir cette qualité, on peut citer : 1o certificat de l'autorité civile constatant que l'intéressé jouit de ses droits civils et politiques; 2o certificat d'inscription sur les listes électorales; 3o carte d'électeur; 4o certificat de l'autorité militaire établissant que le candidat a satisfait, en France, aux obligations dela loi sur le recrutement. Cette énumération n'est pas et ne saurait être absolument limitative. Les commissions d'adjudication pourront admettre aux lieu et place des pièces qui viennent d'être énumérées, toutes celles qui établiront, d'une manière incontestable à leurs yeux, que le concurrent est bien Français. La preuve de cette qualité peut en effet résulter, suivant la situation des intéressés, de la production d'autres documents authentiques dont on ne peut, à l'avance, établir la nomenclature complète.

c) *Pour une Société en nom collectif ou en commandite :*

1° Une expédition légalisée de l'acte de société, des statuts et, le cas échéant, des actes modificatifs. L'acte constitutif de la société ne sera valable qu'autant qu'il ne stipulera pas de réserves de nature à affaiblir la solidarité imposée par la loi aux membres de toute société dûment constituée;

2° Pour chacun des sociétaires, directeurs ou gérants dont le nom figure dans la raison sociale, les pièces énumérées aux paragraphes *a)* ou *b)* ci-dessus, suivant le cas.

d) *Pour une Société anonyme.*

1° Une expédition légalisée de l'acte de société, des statuts et, le cas échéant, des actes modificatifs. L'acte constitutif de la société ne sera valable que sous la réserve stipulée au paragraphe *c)* ci-dessus;

2° Une déclaration, signée par le président du conseil d'administration et légalisée, faisant connaître les noms de la personne ou des personnes qui, d'après les statuts, ont qualité pour traiter au nom de la société et pour la représenter, pendant la durée du marché, pour tout ce qui concerne l'exécution du contrat. Cette déclaration devra être accompagnée, pour la personne ou les personnes ainsi désignées, des pièces énumérées aux paragraphes *a)* ou *b)* ci-dessus, suivant le cas.

Dans le cas où la société voudrait, en cours de marché, substituer à la personne primitivement acceptée par le Ministre un nouveau mandataire, cette substitution devra être également, et au préalable, soumise à l'agrément du Ministre. Toute substitution non autorisée entraînera de plein droit la résiliation du marché ou la passation d'un marché aux risques et périls de la société.

e) *Pour une Société à capital variable :*

Les pièces énumérées aux paragraphes *c)* ou *d)* ci-dessus, suivant que la société dont il s'agit est en nom collectif ou en commandite, ou bien qu'elle est anonyme.

f) *Pour une Société d'ouvriers français :*

Lorsque ladite société se présente pour la première fois à une adjudication du Département de la guerre :

1° Son acte de société;

2° Ses statuts;

3° Les décisions du conseil d'administration ou de l'assemblée générale, qui auront modifié l'acte de société, les statuts ou prononcé des admissions ou des exclusions d'actionnaires depuis la création de la société;

4° Un état nominatif des actionnaires avec la justification de leur nationalité française, de leurs qualité et profession;

5° Des certificats de capacité délivrés aux gérants, administrateurs ou autres associés et les déléguant spécialement pour traiter au nom de la société et pour la représenter pendant la durée du marché pour tout ce qui concerne l'exécution du contrat;

6° Une déclaration indiquant le nombre minimum des sociétaires que la société s'engage à employer à l'exécution du marché.

Lorsque la société a déjà été admise à soumissionner :

Les pièces cotées 3°, 4° et 6° ci-dessus.

Lorsque l'entreprise sera de longue durée (marchés triennaux, par exemple), le chef du service exigera périodiquement, et à des échéances fixes qu'il déterminera, les justifications cotées 3° et 4° ci-dessus.

Dans ces deux derniers cas, les renseignements relatifs aux modifications apportées à l'organisation et à la constitution de la société ne devront remonter qu'à la date des dernières déclarations produites.

Les sociétés en état de faillite ou de liquidation judiciaire, quelles qu'elles soient, ne peuvent pas être admises à concourir.

Dans tous les cas, le directeur du service délivre aux candidats un récépissé énumératif des pièces par eux produites.

ADMISSION DES CANDIDATS.

Art. 6. Le directeur du service dresse la liste des déclarations reçues et l'arrête définitivement à l'expiration du délai fixé pour le dépôt : il la transmet alors au chef du service, membre de la commission d'adjudication.

Dès la réception des déclarations d'intention de soumissionner, le chef du service s'occupe de recueillir auprès des autorités municipales, des tribunaux et des chambres de commerce, tous les renseignements propres à éclairer la commission d'adjudication sur l'aptitude générale, la moralité commerciale et la solvabilité des signataires des déclarations.

Il s'assure notamment de la situation des candidats au point de vue de l'état de faillite ou de liquidation judiciaire, en prenant tous renseignements utiles à ce sujet au greffe du tribunal de commerce du lieu où le candidat a son domicile légal (1), et, s'il est nécessaire, en réclamant au parquet du tribunal civil du lieu de naissance dudit candidat, le bulletin n° 2, prévu à l'article 1er de la loi du 17 juillet 1900.

Si les postulants ont été ou sont titulaires de marchés avec l'administration de la guerre, des renseignements sont demandés aux autorités compétentes sur la manière dont ils ont exécuté ou exécutent leurs engagements.

La commission d'adjudication se réunit en temps utile, dans une séance préparatoire, pour examiner les déclarations, les références ainsi que toutes les pièces qui les accompagnent et délibérer sur l'admission des candidats. Avant de statuer définitivement, elle est tenue d'entendre les concurrents dont l'exclusion paraît devoir être prononcée. Une convocation leur est adressée à cet effet par le chef du service. Si les candidats ne se présentent pas au jour et à l'heure qui leur ont été indiqués, la commission passe outre et statue définitivement sans appel.

En ce qui concerne spécialement les sociétés d'ouvriers français, la commission décide définitivement sur la reconnaissance de la société candidate comme société ouvrière et de son admission à l'adjudication. Toutefois, dans le cas où le chef du service constaterait une irrégularité dans la décision prise par la commission, il en référerait immédiatement au Ministre en vue de faire réformer ladite décision en temps utile, s'il y avait lieu.

Le résultat des délibérations de la commission est constaté par un procès-verbal (modèle n° 4) qui contient, complètes et séparées, d'une part, la liste des admis, et, d'autre part, la liste des non admis. Ces listes sont dressées dans l'ordre alphabétique : elles doivent être tenues secrètes.

Le procès-verbal est dressé en deux originaux : l'un est dé-

---

(1) Il convient de ne demander aux greffes des tribunaux de commerce que des renseignements officieux, n'exigeant aucune recherche ou compulsion de pièces. Les frais de délivrance du bulletin n° 2 du casier judiciaire sont à la charge de l'administration militaire.

posé aux archives de la mairie, l'autre reste dans les archives du chef du service.

Les décisions de la commission sont notifiées aux intéressés par le chef du service le plus tôt qu'il est possible et, au plus tard, dans les délais stipulés par le cahier des clauses et conditions générales imposées aux entrepreneurs de travaux militaires. Ces notifications n'indiquent pas les motifs de la commission.

ÉTABLISSEMENT ET DÉPÔT DES SOUMISSIONS.

Art. 7. Les soumissions des candidats sont produites en simple expédition, et elles doivent remplir les conditions suivantes :

1° Il est établi une soumission distincte pour chacun des lots soumissionnés; chaque soumission est renfermée dans un pli cacheté portant en suscription le nom du soumissionnaire et la désignation du lot soumissionné;

2° Chaque soumission doit être conforme au modèle n° 2 ci-annexé, ne contenir aucune clause restrictive résolutoire ou exceptionnelle et être établie sur papier timbré, sous peine des amendes prononcées par la loi. Toutefois, l'absence du timbre n'entraîne pas le rejet de la soumission;

3° Il doit être stipulé, dans la soumission, un rabais ou une surenchère unique sur l'ensemble des prix portés dans le devis et dans la série des prix. Ce rabais ou cette surenchère s'exprime par unité ou dixième d'unité pour cent et on l'inscrit d'abord en toutes lettres, puis en chiffres (Exemple : six, deux dixièmes pour cent, 6,2 p. 100).

Toute rature ou surcharge doit être approuvée par une nouvelle signature.

Si une soumission stipule une fraction autre qu'un dixième d'unité, on la ramène au nombre de dixièmes immédiatement supérieur, dans le cas de surenchère, et immédiatement inférieur dans le cas de rabais (Exemple : 9,45 p. 100 est porté à 9,50 p. 100 en cas de surenchère et ramené à 9,40 p. 100 en cas de rabais);

4° Les plis renfermant les soumissions, et, le cas échéant, les récépissés de versement du dépôt de garantie sont remis, en séance publique, au président de la commission d'adjudication par le soumissionnaire ou par un représentant muni de pouvoirs réguliers dûment légalisés et enregistrés;

5° Quand le cahier des charges spéciales prescrit le versement avant l'adjudication d'un dépôt de garantie (1), le récépissé constatant ce versement est remis au président de la commission en même temps que les soumissions.

L'absence du récépissé de versement entraîne l'exclusion du soumissionnaire;

6° Les cahiers des charges spéciales peuvent autoriser, dans certains cas, l'envoi des soumissions par lettres recommandées qui seront adressées au chef du service.

OBLIGATIONS RÉSULTANT DU DÉPÔT D'UNE SOUMISSION.

Art. 8. Jusqu'au prononcé de l'adjudication, la remise d'une soumission engage le signataire, qui ne peut la retirer.

Le prononcé de l'adjudication libère tous les soumissionnaires à l'exception des adjudicataires qui, par ce fait, se trouvent irrévocablement engagés vis-à-vis de l'Etat.

SÉANCE D'ADJUDICATION.

Art. 9. La commission d'adjudication s'étant réunie aux lieu, jour et heure indiqués par l'avis au public, le président se place au centre du bureau; le chef du service et le fonctionnaire de l'intendance siègent l'un à droite, l'autre à gauche, suivant le rang de préséance que leur assigne leur grade respectif.

Le président déclare la séance ouverte, fait connaître l'objet de la réunion et dépose sur le bureau, s'il y a lieu, la lettre cachetée contenant le prix-limite, en faisant constater que les cachets en sont intacts.

Le chef du service dépose sur le bureau toutes les pièces du marché énumérées à l'article 4 ci-dessus avec les affiches et journaux qui ont annoncé l'adjudication, ainsi que la liste, par ordre alphabétique, des candidats admis. A cette liste, sont jointes toutes les pièces remises par les candidats, en exécution de l'article 5 de la présente instruction.

Il donne lecture du cahier des charges spéciales et de la présente instruction, si cette lecture est réclamée; il est en-

____

(1) Il n'est exigé de dépôt de garantie des sociétés d'ouvriers français qu'autant que l'importance présumée du marché est supérieure à 50.000 francs.

tendu toutes les fois qu'il le juge utile; il donne les renseignements et éclaircissements qu'il juge utiles ou qui lui sont demandés par les candidats admis.

Le président appelle à haute voix chacun des candidats et réclame le dépôt du pli cacheté mentionné à l'article 7 et, le cas échéant, du récépissé de versement du dépôt de garantie. Il fait une seconde fois l'appel des candidats qui n'ont pas répondu à la première lecture, leur demande leur soumission et, s'il y a lieu, leur récépissé de versement, et déclare ensuite que les soumissions ne seront plus acceptées.

Les plis déposés sont numérotés suivant l'ordre de leur dépôt. Le président procède, suivant cet ordre, à leur dépouillement.

Après avoir classé par ordre de dépôt et par lot les soumissions des candidats admis, le président ouvre celles qui sont relatives au premier lot, les cote, les vise et en donne lecture à haute voix. Celles qui présentent quelque défaut de forme sont l'objet, de la part de la commission, d'une décision définitive qui est immédiatement notifiée de vive voix aux intéressés. Les soumissions rejetées, comme celles qui sont admises, demeurent annexées au procès-verbal.

Le chef du service établit ensuite un tableau de classement des soumissions dans l'ordre des moins-disants; à égalité d'offre, les soumissions sont classées dans l'ordre de leurs numéros.

Il est donné lecture à haute voix de ce tableau.

S'il n'a pas été fixé de limite au rabais ou à la surenchère, celui des concurrents qui a fait l'offre la plus avantageuse pour l'Etat est déclaré par le président adjudicataire du premier lot, sous la réserve de l'approbation du Ministre.

Il est procédé de la même manière pour l'adjudication des autres lots.

CAS OU L'OFFRE LA PLUS AVANTAGEUSE EST FAITE
PAR PLUSIEURS CONCURRENTS.

Art. 10. Si plusieurs concurrents ont fait à la fois pour l'adjudication d'un lot l'offre la plus avantageuse, le président leur remet immédiatement leur soumission et les invite à y consigner de nouvelles offres, qui sont inscrites à la suite des précédentes.

Si ces concurrents se refusent à faire de nouvelles offres ou si celles-ci ne diffèrent pas encore entre elles, le sort en décide.

Toutefois, à égalité de rabais entre une soumission d'entrepreneur et une soumission de société d'ouvriers, cette dernière sera préférée.

Dans le cas où plusieurs sociétés d'ouvriers offriraient le même rabais, il sera procédé à une réadjudication, entre ces sociétés, sur de nouvelles soumissions.

Si les sociétés se refusaient à faire de nouvelles offres. ou si les nouveaux rabais ne différaient pas, le sort en déciderait.

CAS OU LE MINISTRE A FIXÉ UNE LIMITE DE RABAIS OU DE SURENCHÈRE.

Art. 11. Dans le cas où le Ministre a fixé une limite. de rabais ou de surenchère, le président, après avoir donné lecture du tableau de classement des soumissions, brise les cachets de la lettre contenant ce prix-limite, qu'il communique aux membres de la commission en leur rappelant qu'il doit rester absolument secret.

Si aucune offre ne se trouve dans les limites fixées, il peut être procédé, séance tenante, à une nouvelle adjudication entre tous les concurrents qui avaient été admis à soumissionner; on se conforme, pour ce nouveau concours, aux dispositions des articles 9 et 10.

Dans tous les cas, le pli renfermant le prix-limite est recacheté pour rester annexé, en cet état, au procès-verbal de la séance.

PROCÈS-VERBAL D'ADJUDICATION.

Art. 12. Les différentes opérations de la commission sont constatées par un procès-verbal (modèle n° 5) dressé en deux originaux, qui sont signés avec toutes les pièces du marché par les adjudicataires, ainsi que par les membres et par le président de la commission, et qui tient lieu de marché.

Si, au moment de la clôture des opérations, un des adjudicataires est absent ou non représenté, ou s'il refuse de signer les pièces ci-dessus indiquées, mention en est faite au procès-verbal de la séance qui tient, quand même, lieu de marché. Le chef du service en fait signifier un extrait conforme au domicile de l'adjudicataire par voie administrative ou par acte d'huissier.

Une copie conforme du procès-verbal est adressée dans les vingt-quatre heures, par le chef du service, au directeur qui la transmet au Ministre. Dans le cas où l'approbation est réservée au Ministre, à cette copie est joint un des originaux.

Après l'approbation des résultats de l'adjudication, un des originaux du procès-verbal doit être timbré et enregistré. L'enregistrement de cet acte administratif n'est valable et libératoire que s'il est effectué par le bureau de la circonscription dans laquelle réside l'autorité qui l'a reçu. En conséquence, pour éviter tout retard et toute complication, les chefs de service sont seuls chargés, quelle que soit l'autorité qui aura statué sur les résultats de l'adjudication, de porter sur l'original du procès-verbal la mention de l'approbation : « Approuvé par nous (nom, qualité, résidence au chef du service), en vertu de l'autorisation donnée par (Ministre, Directeur), à la date du..... » (1).

L'enregistrement est poursuivi aux frais des adjudicataires et à la diligence du chef du service signataire de la mention d'approbation auprès du bureau de la circonscription dans laquelle réside celui-ci.

Un des originaux est déposé aux archives de la mairie. L'autre reste dans les archives du chef du service, qui en délivre à qui il appartient toute copie ou extrait nécessaire. Les soumissions et le prix-limite y demeurent annexés.

RÉCLAMATIONS, PROTESTATIONS.

Art. 13. Toute difficulté survenant pendant l'adjudication est examinée immédiatement et résolue à la majorité des voix par les membres du bureau.

Il en est fait mention au procès-verbal.

Les décisions de la commission, portées à haute voix et pour notification à la connaissance du public et des intéressés, sont définitives et sans appel.

Toutefois, les protestations et réclamations faites séance tenante, par un ou plusieurs soumissionnaires, sont l'objet d'une mention au procès-verbal de la séance, qui est alors signé par les réclamants.

Si aucune réclamation n'est produite, le procès-verbal le mentionne.

---

(1) Cette disposition ne déroge pas aux règlements en vigueur sur l'approbation des marchés. Dans le cas où l'approbation est réservée, soit au directeur, soit au Ministre, le chef du service attendra, pour porter la mention d'approbation, d'avoir reçu notification de la décision à intervenir.

APPROBATION DE L'ADJUDICATION.

Art. 14. L'adjudication n'est valable qu'après l'approbation ministérielle, à moins d'exceptions prévues au cahier des charges spéciales. En faisant connaître sa décision, le Ministre renvoie l'original du procès-verbal d'adjudication qui lui a été adressé (1).

---

(1) Cet original n'est pas signé par le Ministre. la notification de sa décision suffit pour parachever le contrat.

MODÈLES.

Modèle Nº 1.

MODÈLE DE DÉCLARATION.

Je soussigné (nom, prénoms, qualité, domicile, date et lieu de naissance), déclare être dans l'intention de soumissionner les travaux de   (indiquer les lots), à exécuter pour la construction de   (indiquer l'ouvrage),

ou

pour l'entretien des bâtiments et ouvrages de la place de ou de   (indiquer l'établissement), pendant les années 19   à 19   incluse.

A   , le   19   .

(Signature.)

MODÈLE DE SOUMISSION [1].

Je soussigné (nom, prénoms et qualité), demeurant à
arrondissement de   , département de   , déclare
avoir pris parfaite connaissance de toutes les pièces du marché relatif aux travaux à exécuter pour la construction de

ou

pour l'entretien des bâtiments et ouvrages de la place de
     ou de   (indiquer l'établissement), pendant
les années 19   à 19   incluse.

Je m'engage à faire exécuter loyalement les ouvrages de toute nature compris dans ces travaux *ou* compris dans le lot nº   , en me soumettant, sans aucune exception ni restriction, pour leur exécution, achèvement et garantie, à toutes les conditions générales et particulières stipulées aux différentes pièces du marché, moyennant un rabais *ou* une surenchère uniforme et générale de (en toutes lettres) pour cent (en chiffres) p. 100 (Exemple : 9,5 p. 100) sur les prix portés au   (devis, série, etc.) concernant cette entreprise.

En foi de quoi, j'ai apposé ma signature sur la présente soumission.

A   , le   19   .

(Signature.)

---

(1) La soumission doit être faite sur papier timbré, sous peine d'encourir l'amende prononcée par la loi.

MINISTÈRE
DE LA GUERRE.

SERVICE D
PLACE D

RÉPUBLIQUE FRANÇAISE.

MODÈLE D'AFFICHE.

*Adjudication des travaux à exécuter dans la place de
ou dans* (indiquer l'établissement) *pour la construction de* (indiquer l'ouvrage).

ou

*pour l'entretien des bâtiments et ouvrages de la place de
ou de* (indiquer l'établissement), *pendant les annécs 19 à 19 incluse.*

Le public est prévenu que le (jour et heure), il sera procédé, en séance publique, dans une des salles de , à l'adjudication, sur soumissions cachetées, des travaux à exécuter dans la place de ou dans (indiquer l'établissement), pour la construction de (indiquer l'ouvrage).

ou

pour l'entretien des bâtiments et ouvrages de la place de ou de (indiquer l'établissement), pendant les années 19 à 19 incluse. -

S'il s'agit d'un marché à forfait ou sur devis, on dira :

Ces travaux, évalués à la somme de francs, seront adjugés en un seul ou en lots, savoir :

NUMÉROS des lots.	NATURE DU TRAVAIL.	ÉVALUATIONS.	CAUTIONNEMENT exigé (1).	DÉPÔT de garantie exigé (1).
1ᵉʳ lot...	Terrassement............	......	......	......
2ᵉ lot...	....	......	......	......
(1) S'il y a lieu.				

Les travaux devront être terminés dans un délai de
à partir de la date de la notification de l'ordre prescrivant de
les commencer.

S'il s'agit d'un marché d'entretien sur série de prix, on
dira :

La dépense moyenne des travaux d'entretien s'est élevée,
pendant les trois dernières années, aux sommes suivantes :

NUMÉROS des LOTS.	NATURE DES TRAVAUX.	SOMMES DÉPENSÉES.
1er lot.....	....	....
....	....	....

Les personnes qui veulent concourir à l'adjudication devront produire à M   (indiquer le directeur du service) avant le   (date), les pièces énumérées aux articles 2 et 3 du cahier des clauses et conditions générales imposées aux entrepreneurs de travaux militaires et à l'article 5
de l'instruction sur les formalités d'adjudication des travaux
militaires.

Le cahier des clauses et conditions générales et toutes les
pièces relatives au marché sont déposés dans les bureaux du
service de   (rue   n°   ), où l'on peut en
prendre connaissance tous les jours non fériés de   (telle
heure) à   (telle heure).

A   , le   19 .

Le Chef du service de

(Signature.)

MINISTÈRE
DE LA GUERRE.

PLACE D
ou
ÉTABLISSEMENT D .
SERVICE D

RÉPUBLIQUE FRANÇAISE.

MODÈLE Nº 4.

MODÈLE DE PROCÈS-VERBAL D'ADMISSION.

Procès-verbal de la séance préparatoire à l'adjudication des travaux à exécuter dans la place (ou établissement) de pour la construction de (désigner l'ouvrage).

ou

pour l'entretien des bâtiments et ouvrages de ladite place (ou établissement), pendant les années 19   à 19   incluse.

L'an mil neuf cent   le   à l'heure de

Nous, maire de la ville de   (adjoint ou conseiller municipal, remplaçant le maire empêché), agissant en vertu d'une décision du Ministre de la guerre en date du   qui prescrit de procéder à l'adjudication des travaux de   dépendant du service de   à exécuter pour la construction de (indiquer l'ouvrage), *ou* pour l'entretien des bâtiments et ouvrages de la place de   ou de (indiquer l'établissement) pendant les années 19   à 19   incluse.

Réuni dans l'une des salles de   à M. (nom et qualité du chef du service) de   et à M.   , sous-intendant militaire;

Vu les affiches apposées à la date du   (et, quand il y a lieu) les insertions faites le   et le   , dans   à l'effet d'annoncer ladite adjudication et le délai de production des déclarations d'intention de soumissionner;

Avons procédé comme il suit, en vue de statuer sur l'admission des candidats à l'adjudication;

M. le (indiquer le chef du service) a déposé sur le bureau toutes les pièces du marché comprenant   la liste arrêtée par M. le (indiquer le directeur du service), le   des candidats ayant produit des déclarations d'intention de soumissionner, les références et toutes les pièces déposées par ces candidats, ainsi que les documents renfermant les renseignements propres à éclairer la commission sur leur aptitude générale, leur moralité commerciale et leur solvabilité.

Après examen et (le cas échéant), MM.   postulants à l'adjudication, ayant été entendus en leurs explications, les candidats dont la liste est ci-dessous, savoir :

MM.

dont les pièces ont été jugées complètes et régulières, et qui paraissent présenter des garanties suffisantes, ont été admis par nous à concourir à l'adjudication.

Les candidats dont la liste est ci-après, savoir :

MM.

n'ont pas été admis à concourir.

Fait et clos à   , les jour, mois et an que dessus le présent procès-verbal, que M. le   (indiquer le chef du service) et M. le sous-intendant militaire ont signé avec nous en deux originaux, après lecture.

(Signatures.)

MINISTÈRE
DE LA GUERRE.

PLACE D
ou
ÉTABLISSEMENT D
SERVICE D

MODÈLE Nº 5.

RÉPUBLIQUE FRANÇAISE.

MODÈLE DE PROCÈS-VERBAL D'ADJUDICATION.

Procès-verbal d'adjudication des travaux à exécuter dans la place (ou établissement) *d   pour la construction de* (désigner l'ouvrage).

ou

pour l'entretien des bâtiments et ouvrages de ladite place (ou établissement) *pendant les années 19   à 19   incluse.*

L'an mil neuf cent   le   à l'heure de

Nous, maire de la ville de   (adjoint ou conseiller municipal, remplaçant le maire empêché), agissant en vertu d'une décision du Ministre de la guerre en date du qui prescrit de procéder à l'adjudication des travaux de dépendant du service de   à exécuter pour la construction de   (indiquer l'ouvrage).

ou pour l'entretien des bâtiments et ouvrages de la place de   ou de   (indiquer l'établissement) pendant les années 19   à 19   incluse.

Réuni en séance publique dans l'une des salles de à M.   (qualité du chef du service) de   et à M. sous-intendant militaire.

Vu les affiches apposées à la date du   (et, quand il y a lieu), les insertions faites le   et le   dans à l'effet d'annoncer ladite adjudication pour le jour, l'heure et le lieu ci-dessus désignés.

(Quand il y aura lieu, on ajoutera : les délais de publication ayant été réduits à   jours, vu l'urgence, par décision ministérielle en date du   .)

Avons constaté comme il suit les circonstances et le résultat de la séance :

Ayant déclaré la séance ouverte, nous avons exposé l'objet de la réunion et (s'il y a lieu), nous avons déposé sur le bureau le pli cacheté dans lequel, d'après la déclaration de M. le chef du service, se trouve le prix-limite arrêté par le Ministre.

M. le (indiquer le chef du service) a ensuite déposé sur le bureau toutes les pièces du marché comprenant   avec un exemplaire des affiches et autres pièces constatant les publications qui ont eu lieu, ainsi que la liste des concurrents admis à concourir et les pièces déposées par eux, etc.

Nous avons appelé à haute voix chacun des candidats et réclamé de chacun d'eux ou de leur fondé de pouvoir, le dépôt du pli exigé pour le concours. (S'il y a lieu, on ajoute : Nous avons fait une seconde fois l'appel des candidats qui n'ont pas répondu à cette première lecture en leur demandant leurs soumissions et déclarant que les soumissions ne seraient plus désormais acceptées.)

Se sont successivement présentés dans l'ordre suivant et ont déposé le pli dont il s'agit :

MM.

Ces plis ont été numérotés par lot dans l'ordre où ils ont été reçus par nous.

M.   n'ayant pas produit de récépissé de versement du dépôt de garantie stipulé par le cahier des charges spéciales, a été exclu du concours, et la ou les soumissions par lui déposées lui ont été immédiatement rendues par nous sans avoir été décachetées.

Les enveloppes contenant les soumissions ont été successivement ouvertes par nous, par lot et dans l'ordre des numéros, et nous avons donné lecture à haute voix des soumissions qu'elles renfermaient.

Le dépouillement des soumissions a donné les résultats consignés dans le tableau suivant :

(Inscrire les concurrents dans l'ordre des moins-disants, et, en cas d'égalité d'offres, dans l'ordre des numéros de dépôt des soumissions.)

NUMÉROS ET NATURE DES LOTS.	NOMS ET PRÉNOMS DES CONCURRENTS.	OFFRES FAITES P. 100.		OBSERVATIONS.
		RABAIS.	SURENCHÈRE.	
1er lot. Terrassements.	....	....	....	
	....	....	....	
	....	....	....	
2e lot. etc.	....	....	....	
	....	....	....	

1er CAS. — Adjudication sans prix-limite. L'offre la plus avantageuse est unique.

Toutes les soumissions étant régulières, nous avons déclaré adjudicataire, comme ayant fait les offres les plus avantageuses pour l'Etat :

M.   , moyennant un rabais ou une surenchère de (en toutes lettres, puis en chiffres) p. 100, des travaux de   1er lot.

M.   id.,   2e lot à exécuter pour la construction de   (indiquer l'ouvrage),

ou

pour l'entretien des bâtiments et ouvrages de la place (ou établissement) de   , pendant les années 19 à 19 incluse.

Cette adjudication n'a été prononcée par nous, et nous n'en avons informé MM.   ,   , que sous la réserve de l'approbation de M. le Ministre de la guerre ou du délégué.

Aucune réclamation n'a été présentée.

Séance tenante, nous avons fait signer à MM. adjudicataires, les diverses pièces du marché déposées sur le bureau; nous les avons également signées avec M. le (désigner le chef du service), et M. le sous-intendant militaire.

Fait et clos à   , les jour, mois et an que dessus, le présent procès-verbal, que M. le   (désigner le chef du service), M. le sous-intendant militaire, ainsi que MM.   ,   , adjudicataires, ont signé avec nous en deux originaux, après lecture.

(Signatures.)

ou

Au moment de la clôture des opérations, M.   est absent et n'est pas représenté, ou a refusé de signer le procès-verbal d'adjudication et les pièces du marché.

Fait et clos à   , les jour, mois et an que dessus, etc., (comme précédemment).

2e Cas. — Adjudication avec prix-limite. L'offre la plus avantageuse est unique et acceptable.

Toutes les soumissions étant régulières et ne sortant pas des limites fixées par le Ministre, ainsi que nous l'avons constaté après avoir ouvert le pli cacheté contenant l'indication de cette limite, nous avons déclaré   (la suite comme au premier cas).

3e Cas. — Offres régulières, la plus avantageuse est faite par plusieurs concurrents.

Toutes les soumissions étant régulières, et l'offre la plus avantageuse étant faite pour   (tel lot) par   (mettre le nombre des concurrents), nous en avons informé le public et nous avons invité les concurrents, MM.   ,   , à faire, séance tenante, dans un délai de   (en lettres) minutes, de nouvelles offres plus avantageuses pour l'Etat sur leurs soumissions, que nous leur avons remises à cet effet.

A l'expiration de ce délai, nous avons invité les concurrents ci-dessus à nous remettre leurs soumissions modifiées ou non.

Toutes les soumissions nous ont été remises, leur dépouillement a donné les résultats suivants :

Toutes les soumissions étant régulières, nous avons déclaré (continuer comme il est dit plus haut).

4e Cas. — Offres régulières, mais toutes inacceptables.

Toutes les soumissions ont été reconnues régulières, mais les offres faites n'ont pu être acceptées, attendu qu'aucune d'elles ne se trouve dans la limite fixée par le Ministre de la guerre, ainsi que nous l'avons constaté après avoir ouvert le pli cacheté contenant l'indication de cette limite.

Nous avons alors invité tous les concurrents présents à faire, séance tenante et dans un délai de   (en lettres) minutes (continuer comme dans le cas précédent).

Dans l'hypothèse d'insuccès après cette nouvelle épreuve, on terminerait le procès-verbal en disant :

Aucune soumission n'étant acceptable, nous avons déclaré qu'il n'y avait pas lieu à adjudication, et la séance est levée.

Fait et clos   (le reste comme ci-dessus).

5ᵉ Cas. — Il y a des soumissions non régulières.

(Après le tableau des soumissions, continuer, suivant le cas, par) :

La fraction de   portée au rabais ou à la surenchère dans la soumission de M.   étant autre que 1/10ᵉ d'unité, le rabais a été réduit à   p. 100 ou la surenchère portée à   p. 100, conformément à l'article 8 de l'instruction sur les formalités d'adjudication.

Les soumissions de MM.   ayant été ainsi rectifiées,

ou

La soumission de M.   ne s'appliquant qu'à une partie des prix du marché, ceux qui concernent
(spécifier la partie du travail), a été déclarée nulle et non avenue et M.   exclu du concours, en vertu de l'article 9 de l'instruction sur les formalités d'adjudication.

Les soumissions de MM.   ayant été annulées, nous avons déclaré   (le reste comme il est dit plus haut, 1ᵉʳ cas).

(Signaler de même les irrégularités et les exclusions en résultant.)

6ᵉ Cas. — Il se produit des réclamations.

Dans le cas de réclamations, on les constatera au lieu où elles se sont produites; on rappellera les explications données et les décisions prises.

On terminera comme il suit :

Fait et clos à   les jour, mois et an que dessus, le présent procès-verbal que M.   (indiquer le chef du service), M. le sous-intendant militaire, ainsi que MM.   , adjudicataires, et MM.   , qui ont présenté des réclamations, ont signé avec nous (la suite comme ci-dessus).

(Signatures.)

TABLE DES MATIÈRES.

MODÈLES.

Paris et Limoges. — Imprimerie militaire Henri CHARLES-LAVAUZELLE.